AF466975

RÉFORME

ÉLECTORALE.

A l'époque sociale où nous vivons, sur trente-deux millions de Français trente-un millions huit cent mille sont ilotes dans leur pays, par l'effet du système électoral actuellement en vigueur. Sur les deux cent mille électeurs qui forment la nation appelée seule à s'occuper des intérêts généraux, à peine il y en a quatre-vingt mille qui agissent et dirigent leur vote avec plus ou moins de discernement, mais presque toujours sous l'influence du pouvoir. Il en résulte, à peu d'exceptions près, que c'est par les voix d'une minorité présente que sont faites les élections. A cette même époque, la réforme électorale est réclamée par un bien grand nombre de voix sortant des rangs des trente-un millions huit cent mille Français déshérités du droit de concourir au bien de leur pays. Dans de telles circonstances, j'ai pensé qu'après quarante-cinq ans d'intervalle et peut-être d'oubli, il serait utile de remettre sous les yeux de mes concitoyens, dont un grand nombre ne les connaît probablement pas, le système électoral adopté pour la convocation des Etats-généraux en 1789, ainsi que celui combiné par l'Assemblée nationale en 1791. Elle a eu soin de le placer, non dans une loi particulière, susceptible d'être détruite ou au moins modifiée à volonté, mais dans la constitution elle-même, afin d'en assurer la durable possession à la nation française, en le mettant à l'abri des atteintes du pouvoir royal. Ce système a été établi par les premiers représentans de la nation, amis non équivoques de la liberté. Il a été accepté par Louis XVI, qui a convoqué les États-généraux après une suspension de cent soixante-quinze ans, et qui a montré de son côté la volonté de faire jouir ses peuples d'une liberté sage et raisonnable. Son exécution n'a pas même été essayée, le feu des passions ayant dévoré, presque aussitôt qu'il a été terminé, l'édifice élevé par deux ans de travaux de l'Assemblée-Constituante. Depuis, il a été créé plusieurs autres systèmes électoraux qui se sont tous évanouis avec les constitutions et les gouvernemens qui les avaient fait naître. Ne serait-il donc pas possible, avec tant de matériaux et quarante-cinq ans d'expérience, de donner enfin à la nation un système d'élections qui, conservant les droits de tous à la jouissance d'une liberté sage et raisonnable, besoin constant de tout noble cœur français, représentât plus complètement tous les intérêts, et mît en évidence le plus grand nombre possible d'ames généreuses, de grands talens et de hautes vertus. Que ce système pour être fixe et invariable, soit introduit dans la charte; qu'on y introduise de même, comme cela a été fait dans la constitution de 1791, des mesures relatives à la responsabilité des ministres, responsabilité demandée par tous les cahiers en 1789, et toujours promise sans avoir été définitivement établie jusqu'à présent. La France aura alors les garanties qu'elle peut désirer contre les excursions naturelles du pouvoir royal sur le terrain de ses libertés.

ÉTATS-GÉNÉRAUX DE 1789.

Louis XVI ordonna, par sa circulaire royale du 24 janvier 1789, la convocation des États-généraux de la France, qui avaient cessé d'être assemblés depuis 1614. Dans cet acte mémorable, qui eut pour cet infortuné monarque un résultat si différent de celui que son cœur en espérait, il exprimait, avec une remarquable loyauté, ses intentions pour le bonheur des peuples et la prospérité du royaume. Il ne voulait pas seulement surmonter les difficultés où il se trouvait relativement aux finances, difficultés auxquelles les notables assemblés en 1787 n'avaient apporté aucun remède ; il voulait encore détruire les abus, faire des réformes utiles, établir un ordre constant et invariable dans toutes les parties du gouvernement. Il appelait en conséquence auprès de lui ceux de ses sujets qui seraient élus membres des États-généraux, tant pour lui faire connaître les souhaits et les doléances de ses peuples, que pour le conseiller et l'assister dans toutes les choses qui seraient mises sous leurs yeux. Les trois États de chaque bailliage et sénéchaussée durent, d'après ses ordres, s'assembler dans le plus bref délai, pour conférer et communiquer ensemble, tant des remontrances, plaintes et doléances, que des moyens et avis qu'ils auraient à proposer dans l'assemblée générale des États, par l'organe de leurs députés. Le Roi demandait que ceux-ci fussent tous personnages dignes de cette grande confiance, par leur intégrité et par le bon esprit dont ils seraient animés. Il prescrivait qu'ils fussent munis d'instructions et pouvoirs généraux et suffisans pour proposer, remontrer, aviser et consentir tout ce qui pouvait concerner la prospérité générale du royaume, ainsi que le bien de tous et chacun de ses sujets. Enfin il rassemblait les États-généraux autour de sa demeure, pour leur conserver, comme il le dit lui-même, le caractère le plus cher à son cœur, celui de conseil et d'ami.

On voit que Louis XVI n'était pas, plus que son aïeul Henri IV, disposé à se mettre sous la tutelle des États-généraux, et qu'il était persuadé que, comme cela avait lieu dans les tems antérieurs, chacun des trois ordres lui soumettrait ses travaux, pour qu'il pût ordonner ce qu'il jugerait de plus utile au bien général du royaume.

On voit aussi que les instructions et les pouvoirs à donner aux députés ne pouvaient aller au-delà d'une autorisation à l'effet de proposer, remontrer, aviser et consentir sur tous les points qui seraient soumis à leur examen, et que, par conséquent, ils ne pouvaient être des pouvoirs absolus, qui leur donnassent la puissance de tout détruire, et de créer ensuite d'après leur propre volonté.

Un réglement, annexé à la circulaire royale, est la loi électorale de l'époque. Dans son préambule, on lit qu'en convoquant les États-généraux, le Roi a voulu que ses sujets fussent tous appelés à concourir aux élections des députés qui devaient former cette grande et solennelle assemblée.

Les lettres de convocation furent envoyées aux gouverneurs des provinces, pour les faire parvenir aux baillis et sénéchaux d'épée, ou à leurs lieutenans.

Comme c'est par arrondissement de bailliage et de sénéchaussée que les assemblées devaient avoir lieu, ils furent l'un et l'autre divisés en deux classes.

La première, nommée bailliages principaux, sénéchaussées principales, se composait de ceux qui avaient reçu des lettres de convocation en 1614.

La seconde classe, sous le nom de bailliages, de sénéchaussées secondaires, comprenait ceux qui, n'ayant pas député en 1614, avaient été jugés ne devoir députer que secondairement et conjointement avec ceux de la première classe.

ORDRE DU CLERGÉ.

Les évêques, les abbés, tous les chapitres, corps et communautés ecclésiastiques rentés, réguliers et séculiers des deux sexes, et généralement tous les ecclésiastiques possédant bénéfice ou commanderie, furent assignés à comparaître à l'assemblée du bailliage.

Chaque chapitre séculier fut divisé en deux parties.

La première, composée des chanoines, devait nommer 1 député à raison de 10 présens, 2 députés de 11 à 20, et ainsi de suite.

La seconde, comprenant tous les ecclésiastiques engagés dans les ordres, attachés par quelque fonction au service du chapitre, nommait 1 député à raison de 20 présens, 2 députés de 21 à 40, et ainsi de suite.

Ces députés devaient représenter les chapitres séculiers dans l'assemblée du clergé de leur bailliage.

Tous les corps, communautés ecclésiastiques rentés, réguliers des deux sexes, ainsi que les chapitres et communautés de filles, ne pouvaient être représentés que par un seul député ou procureur pris dans l'ordre ecclésiastique séculier ou régulier.

Tous les ecclésiastiques possédant bénéfice avaient

la faculté de se faire représenter par un procureur fondé, pris dans leur ordre.

Les baillis et commandeurs de Malte faisaient partie de l'ordre ecclésiastique ; les novices sans bénéfice étaient rangés dans l'ordre de la noblesse ; les servans qui n'avaient point fait de vœux étaient compris dans le tiers-état.

Dans les villes, tous les ecclésiastiques engagés dans les ordres, et non possédant bénéfice, durent se réunir chez le curé de la paroisse dans laquelle ils étaient habitués ou domiciliés, et, là, choisir 1 député sur 20 présens, 2 députés de 21 à 40, et ainsi de suite.

Tous les autres ecclésiastiques engagés dans les ordres et non résidans dans les villes, étaient tenus de se rendre en personne, et sans pouvoir se faire représenter, à l'assemblée des trois ordres du bailliage ou de la sénéchaussée de leur domicile.

Les ecclésiastiques possédant des bénéfices situés dans plusieurs bailliages pouvaient se faire représenter à l'assemblée des trois États de chacun par un procureur fondé, pris dans leur ordre ; mais ils ne pouvaient avoir qu'un suffrage dans la même assemblée, quel que fût le nombre des bénéfices qu'ils y possédaient.

Les ecclésiastiques engagés dans les ordres, possédant des fiefs non dépendans de bénéfices, devaient se ranger dans l'ordre ecclésiastique, s'ils comparaissaient en personne ; s'ils donnaient une procuration, ce ne pouvait être qu'à un noble qui, dans ce cas, prenait place dans l'ordre de la noblesse [1].

ORDRE DE LA NOBLESSE.

Les ducs, pairs, marquis, comtes, barons, et généralement tous les nobles possédant fief dans l'étendue du bailliage ou de la sénéchaussée, furent assignés à comparaître à son assemblée.

Les femmes, les filles, les veuves possédant fief et jouissant de la noblesse, pouvaient se faire représenter par procureurs pris dans l'ordre de la noblesse.

Les députés et procureurs fondés ne pouvaient avoir, pour la rédaction des cahiers, que leur suffrage personnel; mais pour l'élection aux États-généraux, les procureurs fondés, indépendamment de leur suffrage personnel, pouvaient avoir deux voix et pas davantage.

Les nobles possédant des fiefs dans plusieurs bailliages, pouvaient se faire représenter à l'assemblée

---

[1] Il faut observer ici que l'introduction des curés, des vicaires et des prêtres sans aucun bénéfice, était une innovation. Le réglement la justifie par l'intention qu'avait Louis XVI d'établir une sorte de communication avec tous les habitans de son royaume, et de se rapprocher de leurs besoins et de leurs vœux d'une manière plus sûre et plus immédiate. Les bons et utiles pasteurs, dit-il, s'occupent de près et journellement de l'indigence et de l'assistance du peuple, et connaissent plus intimement ses maux et ses appréhensions.

des trois États de chacun par un procureur-fondé pris dans leur ordre ; mais ils ne pouvaient avoir qu'un suffrage dans la même assemblée, quel que fût le nombre de fiefs qu'ils y possédaient.

Tous les nobles non possédant fief, ayant la noblesse acquise et transmissible, âgés de 25 ans, nés français ou naturalisés, domiciliés dans le ressort du bailliage ou sénéchaussée, étaient tenus de se rendre en personne, et sans pouvoir se faire représenter, à l'assemblée des trois ordres du bailliage [1].

ORDRE DU TIERS-ÉTAT.

Tous les habitans composant le tiers-état des villes, bourgs, paroisses et communautés, ayant un rôle séparé d'impositions, s'assembleront pour rédiger le cahier de leurs plaintes et doléances et nommer à haute voix des députés choisis entre les plus notables habitans pour les porter à l'assemblée préliminaire de l'ordre.

---

[1] Le Roi appelle au droit d'être élus pour députés de la noblesse tous les membres de cet ordre indistinctement, propriétaires et non propriétaires. C'est, dit-il, par leurs qualités personnelles, c'est par les vertus dont ils sont comptables envers leurs ancêtres, qu'ils ont servi l'état dans tous les tems et qu'ils le serviront encore. Le plus estimable d'entre eux sera toujours celui qui méritera le mieux de la représenter.

Les paroisses et communautés non comprises dans l'état annexé au règlement, formeront une assemblée à laquelle auront droit d'assister tous les habitans composant le tiers-état, nés français ou naturalisés, âgés de 25 ans, domiciliés et compris au rôle des impositions. Ils rédigeront le cahier de leurs plaintes et doléances et nommeront à haute voix des députés, choisis entre les plus notables habitans, pour les porter à l'assemblée préliminaire de l'ordre.

Les députés nommés par les paroisses et communautés de campagne, pour porter leurs cahiers à l'assemblée préliminaire de l'ordre, seront au nombre de 2 à raison de 200 feux, de 3 au-dessus de 200, de 4 jusqu'à 300 feux, et ainsi de suite.

Dans les villes, les habitans devaient s'assembler par corporation, et commencer par rédiger leurs cahiers.

Les corporations d'arts et métiers choisiront, dit le réglement, 1 député à raison de 100 membres, deux députés au-dessus de 100 jusqu'à 200, 3 députés au-dessus de 200, et ainsi de suite.

Les corporations d'arts libéraux, des négocians, des armateurs, et généralement tous les autres citoyens réunis par l'exercice des mêmes fonctions, et formant des assemblées ou des corps autorisés, nommeront deux députés pour 100 membres, 4 députés au-dessus de 100 jusqu'à 200, 6 députés au-dessus de 200 jusqu'à 300, et ainsi de suite, en augmentant.

Les proportions ci-dessus ne se règleront point à raison du nombre des membres dont chaque corps, corporation ou communauté est réellement composé, mais seulement à raison du nombre desdits membres qui se trouveront présens à l'assemblée.

Ceux qui sont membres de plusieurs corps, corporations ou communautés, ne pourront voter et députer que dans un seul.

Les habitans des villes, non compris dans aucun corps, corporation ou communauté, âgés de 25 ans, et compris au rôle des impositions, s'assembleront à l'Hôtel-de-Ville, et il sera élu 2 députés pour 100 individus présens à l'assemblée, 4 députés au-dessus de 100 jusqu'à 200, 6 députés au-dessus de 200 jusqu'à 300, et toujours en augmentant, dans la même proportion.

Les députés ainsi nommés forment à l'Hôtel-de-Ville l'assemblée du tiers-état qui rédige les cahiers de doléances et instructions, et nomme des députés pour le porter à l'assemblée des trois ordres.

Les villes enverront le nombre de députés fixé pour chacune d'elles, par l'état annexé au réglement. A l'égard de celles qui n'y sont pas comprises, le nombre de leurs députés est fixé à 4 [1].

[1] La ville de Rouen était comprise dans cet état pour 80 députés.

L'élection des députés pour les assemblées graduelles sera faite à haute voix.

Les députés aux États-généraux seront seuls élus par la voie du scrutin [1].

C'est de l'exécution de ces différentes dispositions que sont résultés des cahiers exprimant le plus complètement possible les besoins du corps social dans toutes ses parties. Il en est sorti aussi une assemblée composée d'hommes dont la conduite sera appréciée par la postérité, avec plus d'impartialité que nous n'en avons maintenant, mais dont les grands talens en tout genre ont jeté un éclat qui n'a point encore été éclipsé.

---

[1] En voulant que ses sujets fussent tous appelés à concourir aux élections des députés aux États-généraux, Louis XVI désire, dit le préambule du réglement, que des extrémités de son royaume et des habitations les moins connues, chacun soit assuré de faire parvenir jusqu'à lui ses vœux et ses réclamations. S. M. ne peut souvent atteindre que par son amour à cette partie de ses peuples que l'étendue de son royaume et l'appareil du trône semblent éloigner d'elle, et qui, hors de la portée de ses regards, se fie néanmoins à la protection de sa justice et aux soins prévoyans de sa bonté. S. M. a donc reconnu, avec une véritable satisfaction, qu'au moyen des assemblées graduelles, ordonnées dans toute la France, pour la représentation du tiers-état, elle aurait ainsi une sorte de communication avec tous les habitans de son royaume, et qu'elle se rapprocherait de leurs besoins et de leurs vœux d'une manière plus sûre et plus immédiate.

SYSTÈME ÉLECTORAL

EXTRAIT DE LA CONSTITUTION DE 1791.

TITRE III. — CHAPITRE 1er.

SECTION 1re.

Art. 1er.

Le nombre des représentans au Corps-législatif est de 745, à raison des 83 départemens dont le royaume est composé, et indépendamment de ceux qui pourraient être accordés aux colonies.

Art. 2.

Les représentans seront distribués entre les 83 départemens selon les trois proportions du territoire, de la population et de la contribution directe.

Art. 3.

Des 745 représentans, 247 sont attachés au territoire.

Chaque département en nommera trois, à l'exception du département de Paris, qui n'en nommera qu'un.

Art. 4.

249 représentans sont attribués à la population.

La masse totale de la population active du royaume

est divisée en 249 parts, et chaque département nomme autant de députés qu'il a de parts de population.

Art. 5.

249 représentans sont attachés à la contribution directe.

La somme totale de la contribution directe du royaume est de même divisée en 249 parts, et chaque département nomme autant de députés qu'il paie de parts de contribution.

SECTION 2e.

Art. 1er.

Pour former l'Assemblée nationale législative, les citoyens actifs se réuniront, tous les deux ans[1], en assemblées primaires, dans les villes et dans les cantons.

Les assemblées primaires se formeront, de plein droit, le second dimanche de mars, si elles n'ont pas été convoquées plus tôt par les fonctionnaires publics déterminés par la loi.

Art. 2.

Pour être citoyen actif, il faut :

Être né ou devenu français ;

---

[1] Ce délai est le même que celui fixé pour la durée de l'Assemblée législative.

Être âgé de 25 ans accomplis ;

Être domicilié dans la ville ou dans le canton, depuis le tems déterminé par la loi ;

Payer, dans un lieu quelconque du royaume, une contribution directe au moins égale à la valeur de trois journées de travail, et en représenter la quittance ;

N'être pas dans un état de domesticité, c'est-à-dire de serviteur à gages ;

Être inscrit, dans la municipalité de son domicile, au rôle des gardes nationales ;

Avoir prêté le serment civique.

Art. 3.

Tous les six ans, le Corps-législatif fixera le *minimum* et le *maximum* de la journée de travail, et les administrateurs des départemens en feront la détermination locale pour chaque district.

Art. 4.

Nul ne pourra exercer les droits de citoyen actif dans plus d'un endroit, ni se faire représenter par un autre.

Art. 5.

Sont exclus de l'exercice des droits de citoyen actif :

Ceux qui sont en état d'accusation ;

Ceux qui, après avoir été constitués en état de faillite ou d'insolvabilité, prouvé par pièces authentiques, ne rapportent pas un acquit général de leurs créanciers.

Art. 6.

Les assemblées primaires nommeront des électeurs en proportion du nombre des citoyens actifs domiciliés dans la ville ou le canton.

Il sera nommé un électeur à raison de cent citoyens actifs, présens ou non à l'assemblée.

Il en sera nommé deux depuis cent cinquante-un jusqu'à deux cent cinquante, et ainsi de suite.

Art. 7.

Nul ne pourra être nommé électeur s'il ne réunit aux conditions nécessaires pour être citoyen actif, savoir :

Dans les villes au-dessus de 6,000 ames, celle d'être propriétaire ou usufruitier d'un bien évalué, sur les rôles de contribution, à un revenu égal à la valeur locale des deux cents journées de travail, ou d'être locataire d'une habitation évaluée, sur les mêmes rôles, à un revenu égal à la valeur de cent cinquante journées de travail ;

Dans les villes au-dessous de 6,000 ames, celle d'être propriétaire ou usufruitier d'un bien évalué, sur les rôles de contribution, à un revenu égal à la valeur locale de cent cinquante journées de travail, ou d'être locataire d'une habitation évaluée, sur les mêmes rôles, à un revenu égal à la valeur de cent journées de travail;

Et dans les campagnes, celle d'être propriétaire ou usufruitier d'un bien évalué, sur les rôles de contribution, à un revenu égal à la valeur locale de cent cinquante journées de travail, ou d'être fermier ou métayer de biens évalués, sur les mêmes rôles, à la valeur de quatre cents journées de travail.

A l'égard de ceux qui seront en même tems propriétaires ou usufruitiers d'une part, et locataires, fermiers ou métayers de l'autre, leurs facultés à ces différens titres, seront cumulées jusqu'au taux nécessaire pour établir leur éligibilité.

SECTION 3e.

Art. 1er.

Les électeurs nommés en chaque département se réuniront pour élire le nombre des représentans dont la nomination sera attribuée à leur département, et un nombre de suppléans égal au tiers de celui des représentans.

Les assemblées électorales se formeront, de plein droit, le dernier dimanche de mars, si elles n'ont pas été convoquées plus tôt par les fonctionnaires publics déterminés par la loi.

Art. 2.

Les représentans et les suppléans seront élus à la

pluralité absolue des suffrages, et ne pourront être choisis que parmi les citoyens actifs du département.

Art. 3.

Tous les citoyens actifs, quel que soit leur état, profession ou contribution, pourront être élus représentans de la nation.

Art. 4.

Seront néanmoins obligés d'opter :

1°. Les ministres et les autres agens du pouvoir exécutif révocables à volonté ;

2°. Les commissaires de la trésorerie nationale ;

3°. Les percepteurs et receveurs des contributions directes ;

4°. Les préposés à la perception et aux régies des contributions indirectes et des domaines nationaux ;

5°. Et ceux qui, sous quelque dénomination que ce soit, sont attachés à des emplois de la maison militaire et civile du Roi.

Seront également tenus d'opter les administrateurs, sous-administrateurs, officiers municipaux, et commandans des gardes nationales.

Art. 5.

L'exercice des fonctions judiciaires sera incompatible avec celle de représentant de la Nation, pendant toute la durée de la législature.

Les juges seront remplacés par leurs suppléans, et le Roi pourvoira, par des brevets de commission, au remplacement de ses commissaires auprès des tribunaux.

Art. 6.

Les membres du Corps-législatif pourront être réélus à la législature suivante, et ne pourront l'être ensuite qu'après l'intervalle d'une législature.

Art. 7.

Les représentans nommés dans les départemens, ne seront pas représentans d'un département particulier, mais de la Nation entière, et il ne pourra leur être donné aucun mandat.

SECTION 4e.

Art. 1.

Les fonctions des assemblées primaires et électorales se bornent à élire. Elles se sépareront aussitôt après leurs élections faites, et ne pourront se former de nouveau que lorsqu'elles seront convoquées, si ce n'est au cas de l'art. 1 de la section 2, et de l'art. 1 de la section 3 ci-dessus.

Art. 2.

Nul citoyen actif ne peut entrer, ni donner son suffrage dans une assemblée, s'il est armé.

Art. 3.

La force armée ne pourra être introduite dans l'intérieur sans le vœu exprès de l'assemblée, si ce n'est qu'on y commît des violences ; auquel cas, l'ordre du président suffira pour appeler la force publique.

Art. 4.

Tous les deux ans il sera dressé, dans chaque district des listes, par cantons, des citoyens actifs, et la liste de chaque canton y sera publiée et affichée deux mois avant l'époque de l'assemblée primaire.

Les réclamations qui pourront avoir lieu, soit pour contester la qualité des citoyens employés sur la liste, soit de la part de ceux qui se prétendront omis injustement, seront portées aux tribunaux pour y être jugées sommairement.

La liste servira de règle pour l'admission des citoyens dans la prochaine assemblée primaire, en tout ce qui n'aura pas été rectifié par des jugemens rendus avant la tenue de l'assemblée.

Art. 5.

Les assemblées électorales ont le droit de vérifier la qualité et les pouvoirs de ceux qui s'y présenteront, et leurs décisions seront exécutées provisoirement, sauf le jugement du Corps-législatif lors de la vérification des pouvoirs des députés.

Art. 6.

Dans aucun cas, et sous aucun prétexte, le Roi, ni aucun des agens nommés par lui, ne pourront prendre connaissance des questions relatives à la régularité des convocations, à la tenue des assemblées, à la forme des élections, ni aux droits politiques des citoyens, sans préjudice des fonctions des commissaires du Roi, dans les cas déterminés par la loi, où les questions relatives aux droits politiques des citoyens doivent être portées dans les tribunaux.

Je porte dans toute leur étendue ces deux systèmes d'élection à la connaissance de mes concitoyens, afin qu'ils soient à portée de les apprécier, sans avoir de recherches à faire, et aussi parce que dans toutes contestations il est essentiel que les pièces soient sous les yeux des parties intéressées.

Ce serait calomnier l'un et l'autre systèmes que de les accuser de créer le suffrage universel.

En effet, Louis XVI, en voulant que tous ses sujets concourussent à la nomination des députés, a eu soin d'établir des assemblées graduelles: les premières, pour choisir des députés chargés de porter les cahiers à une assemblée préliminaire du tiers-état; les secondes, pour réunir en un les différens cahiers, et faire choisir par ces mêmes députés les électeurs ; les troisièmes, pour rédiger un cahier unique au nom du tiers-état, et élire, par voie de scrutin, des députés aux États-généraux. Faire partie de corps, de corporations, de communautés, être porté aux rôles des impositions, étaient les conditions essentielles pour avoir le droit de suffrage.

L'Assemblée-Constituante, de son côté, ne donne ce droit qu'au citoyen actif, né ou devenu français, âgé de 25 ans accomplis, domicilié dans la ville ou le canton depuis un tems déterminé par la loi, payant une contribution égale à la valeur de trois journées de travail, et inscrit, dans la municipalité de son domicile, au rôle des gardes nationales. Le droit de suffrage donné aux citoyens actifs se borne à celui de nommer des électeurs.

Ni l'une ni l'autre de ces deux manières de procéder ne consacre donc en aucune façon le suffrage universel.

Quant aux électeurs, Louis XVI ne leur imposait aucune condition d'éligibilité.

L'Assemblée-Constituante, au contraire, veut que,

Dans les villes de 6,000 ames et au-dessus, ils possèdent une propriété ou un usufruit évalué, sur les rôles de contribution, à un revenu égal à deux cents journées de travail, ou bien qu'ils paient un loyer égal à cent cinquante journées de travail ;

Dans les villes au-dessous de 6,000 ames, un revenu

ou usufruit territorial de 150 journées, ou un loyer de cent journées;

Dans les campagnes, un revenu ou usufruit de cent cinquante journées, ou un fermage de quatre cents journées.

A l'exemple de Louis XVI, elle n'impose aucune condition d'éligibilité aux députés.

Dans le système électoral actuellement en vigueur, et qui donne naissance à une nouvelle aristocratie, le suffrage du citoyen n'entre pour rien dans les élections. Ce sont les rôles des contributions directes qui, matériellement par leurs chiffres, désignent les électeurs. Les contribuables qui paient 200 francs et plus sont électeurs de droit, tous, indistinctement, pêle-mêle, et sans qu'il soit possible d'opérer à leur égard aucune épuration. Telle est la source de la chambre des députés prise parmi ceux des électeurs qui paient 500 francs et plus.

On voit, en le déplorant, que ces dispositions ne donnent pour appui à la monarchie qu'un peuple d'environ 200,000 individus, renouvelés ou changés par les effets de la mort et les hasards de la fortune; que le reste des citoyens, sans intérêt à la chose publique, est aussi sans affection pour elle, et peut devenir hostile; que l'intervention du pouvoir dans le choix des députés, quoique non officielle, empêche cependant d'y reconnaître les vrais caractères de la représentation nationale; enfin, que, dans les pouvoirs publics, certaines convenances l'emportent sur les grands talens, le désintéressement et la pure probité. Si tout ce mal était irrémédiable, il faudrait le souffrir avec patience et se taire ; mais il est possible d'y substituer le bien, et c'est autant dans l'intérêt du gouvernement que dans celui de trente-deux millions de Français, que les hommes sages et amis de leur pays me paraissent devoir s'en occuper.

ROUEN. F. BAUDRY, IMPRIMEUR DU ROI, RUE DES CARMES, No. 20.

www.ingramcontent.com/pod-product-compliance
Ingram Content Group UK Ltd.
Pitfield, Milton Keynes, MK11 3LW, UK
UKHW020451220726
13923UKWH00005B/2471